Filosofia da educação

Coleção **PASSO-A-PASSO**

CIÊNCIAS SOCIAIS PASSO-A-PASSO
Direção: Celso Castro

FILOSOFIA PASSO-A-PASSO
Direção: Denis L. Rosenfield

PSICANÁLISE PASSO-A-PASSO
Direção: Marco Antonio Coutinho Jorge

Ver lista de títulos no final do volume

Leonardo Sartori Porto

Filosofia da educação

ZAHAR

Capa
Sérgio Campante

Composição
TopTextos Edições Gráficas Ltda.

Impressão sob demanda
UmLivro

Papel
Alta alvura, Suzano S.A.

CIP-Brasil. Catalogação na fonte
Sindicato Nacional dos Editores de Livros, RJ

P882f Porto, Leonardo Sartori, 1965-
Filosofia da educação / Leonardo Sartori Porto. — 1ª ed. — Rio de Janeiro: Zahar, 2006.
(Passo-a-passo; v.62)

Inclui bibliografia
ISBN 978-85-7110-914-8

1. Educação — Filosofia. I. Título. II. Série.

06-1084 CDD: 370.1
CDU: 37.01

[2020]

EDITORA SCHWARCZ S.A.
Praça Floriano, 19, sala 3001 — Cinelândia
20031-050 — Rio de Janeiro — RJ
Telefone: (21) 3993-7510
www.companhiadasletras.com.br
www.blogdacompanhia.com.br
facebook.com/editorazahar
instagram.com/editorazahar
twitter.com/editorazahar

Sumário

Introdução 7

A concepção idealista 10

A concepção empirista 15

A concepção transcendental 18

Filosofia contemporânea 22

Reformistas 28

Aperfeiçoadores 38

Considerações finais 47

Seleção de textos 49

Referências e fontes 63

Leituras recomendadas 67

Sobre o autor 68

Introdução

A educação é um tema filosófico desde a Grécia Clássica. O diálogo mais famoso de Platão, *A República*, é também a primeira grande obra de filosofia da educação. O tema central do diálogo é a política, mas, para criar uma sociedade perfeita — objetivo da filosofia política platônica —, é preciso educar os seus membros. Assim, surge uma relação entre filosofia política e educação, que perdura até os nossos dias.

Os aspectos epistemológicos envolvidos na educação também são objeto de estudo filosófico desde Platão, que apresenta, no diálogo *Mênon*, uma abordagem sistemática desse assunto.

Em um primeiro momento deste livro, abordarei as concepções epistemológicas envolvidas no ensino, concepções estas que têm sua razão de ser na medida em que, para identificarmos a melhor forma de conduzir o processo educacional, é preciso saber como ocorre o conhecimento humano.

A investigação filosófica é um diálogo entre pensadores, que ocorre há mais de dois milênios no Ocidente. Reconstruirei brevemente esse diálogo apresentando três concepções epistemológicas do ensino que classificaremos como: idealista, empirista e transcendental.

A concepção *idealista* será tratada através de dois filósofos: Platão e santo Agostinho. Abarcaremos, recorrendo a eles, o período da Antigüidade e o início da Idade Média. É preciso ter claro que, apesar de santo Agostinho ter se inspirado na doutrina platônica, ele desenvolveu uma filosofia própria, que influenciou o pensamento ocidental durante toda a Idade Média e que, indiretamente, também influenciou a filosofia que surge na Idade Moderna.

Locke foi o filósofo escolhido para apresentar a concepção *empirista*. Com esse filósofo chegamos à filosofia moderna. Também por meio de Locke apresentaremos o debate filosófico que se dá entre o empirismo defendido por ele e o *idealismo*.

A concepção *transcendental* requer um esclarecimento: o termo "transcendental" foi extraído da filosofia de Kant, mas não se aplica a são Tomás de Aquino, filósofos que serão apresentados sob esta rubrica. Reuni-los se justifica, contudo, pelo fato de ambos oferecerem uma alternativa tanto ao *idealismo* platônico quanto ao *empirismo*, segundo a qual o fundamento para o conhecimento não está em idéias inatas, tampouco na mera informação dos sentidos, mas em princípios que coordenam a aquisição do conhecimento — princípios estes que Kant denomina de "transcendentais".

E tratarei ainda das *teorias filosóficas contemporâneas*, que se ocupam da relação entre epistemologia e educação.

Em um segundo momento, tratarei da relação entre filosofia política e educação. O tópico principal dessa relação é o papel da educação na formação e organização da sociedade e do Estado, porque para vários filósofos educar os cidadãos é a única forma de *aperfeiçoar* ou *modificar* o Estado. Dividiremos as teorias filosóficas sobre a relação entre educação e política em dois grandes grupos: os reformistas da sociedade e os aperfeiçoadores desta. Sabemos que essa classificação não é de todo satisfatória, visto que as teorias filosóficas apresentadas pretendem que a educação seja uma forma de aperfeiçoar a sociedade humana, mas algumas defendem uma mudança radical na sociedade ou na forma como o indivíduo se relaciona com esta, enquanto outras advogam em favor do aperfeiçoamento das instituições sociais já existentes.

O dilema entre *mudar* a sociedade e *aperfeiçoar* as instituições já existentes ocorre logo no início da filosofia ocidental, nas concepções de Platão, defensor da primeira alternativa, e Aristóteles, que defende a segunda.

Na filosofia moderna (que corresponde ao período compreendido entre os séculos XVII e XIX) encontra-se o trabalho de Rousseau, que incluiremos no grupo dos reformistas, uma vez que, apesar de a sua filosofia da educação estar mais voltada para o indivíduo, o fim último da reforma do indivíduo é a reforma de todos os indivíduos, ou seja, da sociedade.

Quanto à filosofia contemporânea, apresentarei, no grupo dos reformistas, as concepções de um dos autores da Escola de Frankfurt: Adorno, aqui enquadrado por sua sofisticada reformulação do marxismo. Pelo grupo dos aperfeiçoadores do sistema social vigente exporei as teses do filósofo norte-americano John Dewey, que defendeu um aprimoramento da democracia através da educação.

No total, este livro tratará das obras sobre educação de nove filósofos, englobando a filosofia da Grécia Clássica (Platão e Aristóteles), a Idade Média (santo Agostinho e são Tomás de Aquino), a filosofia moderna nas tradições filosóficas inglesas, alemãs e francesas (Locke, Kant e Rousseau, respectivamente), e a filosofia contemporânea (Adorno e Dewey), além de outros filósofos tratados em menos detalhe. Pretendo, com isto, oferecer um panorama histórico da filosofia da educação que inclua diferentes perspectivas.

A concepção idealista

Por "idealismo" entendemos a concepção segundo a qual o nosso conhecimento não está assentado na experiência sensível, que, por ser transitória, não fornece certeza alguma, e sim no acesso a uma realidade não sensível, composta por idéias. O melhor exemplo que podemos dar de uma "realidade não sensível" seria: aquela na qual habitariam as figuras geométricas de duas dimensões — os círculos e os quadrados perfeitos, que jamais poderiam existir em nosso mundo, e, portanto, não podem ser percebidos por nossos sentidos (um círculo que vejo desenhado num papel é um objeto tridimensional: o traço do lápis tem profundidade e largura).

O fundador do idealismo filosófico é Platão, e com ele iniciarei a exposição dessa concepção. A influência da filosofia platônica se faz sentir num filósofo e teólogo medieval: santo Agostinho, que será o segundo representante do idealismo.

Platão. O idealismo platônico não é uma teoria estabelecida de maneira dogmática: suas teses são usualmente sustentadas por sólidos argumentos. No que diz respeito à filosofia da educação, Platão inicia a defesa da tese de que educar é rememorar valendo-se de argumentação por via negativa: o *paradoxo da investigação.*

No diálogo *Mênon*, ele apresenta o paradoxo: como alguém pode investigar algo que já sabe ou algo que não sabe? O que *já sabe* não precisa investigar e o que *não sabe* não pode investigar, uma vez que não sabe o que procurar e, se encontrar algo, não saberá se era aquilo que procurava.

Com relação ao conhecimento de qualquer objeto, existem apenas quatro possibilidades: 1) eu sei que o conheço; 2) eu sei que não o conheço; 3) eu não sei que o conheço; 4) eu não sei que não o conheço. No primeiro caso, não é necessária a investigação e, por conseguinte, a aprendizagem: eu não posso aprender algo que eu já sei. O último caso é o do total desconhecimento, tampouco aqui é possível a aprendizagem, pois eu sequer sei que não sei algo; assim, não há motivo para querer aprender esse algo. É claro que alguém pode me informar o que eu não sei, mas então caímos no segundo caso: eu sei que não sei isso.

Mas como eu posso saber que não sei algo? Para eu saber que não sei algo, eu preciso saber o que é isso, mas então eu sei o que é isso. Chegamos ao núcleo do paradoxo da investigação, que também é o paradoxo da aprendizagem, pois como posso querer aprender algo que eu não sei o que é, nem onde investigá-lo?

Existe, contudo, uma objeção óbvia à interpretação do paradoxo da investigação como sendo também um paradoxo da aprendizagem: alguém — o professor — pode me dizer o que eu não sei, pode, portanto, informar-me daquilo que preciso aprender. Mas é necessário entender que Platão toma a aprendizagem como uma tarefa *ativa*, ou seja, há uma vontade no aluno de aprender algo. A aprendizagem, portanto, é uma investigação.

Só resta uma alternativa: eu não sei que sei isso. O paradoxo da investigação nos leva à conclusão de que toda aprendizagem consiste na rememoração de algo que esquecemos. Essa solução do paradoxo, no entanto, cria um novo problema: quando aprendemos algo pela primeira vez? Não pode ser em nossa vida, pois *aprender sempre é rememorar*, então só pode ser antes de nascermos! A solução não parece tão absurda quando pensamos nas doutrinas religiosas que falam da imortalidade da alma. E aqui começa a metafísica platônica.

Segundo Platão, a alma humana é imortal e "já nasceu várias vezes e viu tudo o que existe aqui e no outro mundo (Hades), não existindo nada que não tenha aprendido". Entretanto, o que a alma apreende em suas várias vidas não é o conhecimento daquilo que é transitório no mundo, mas as *verdades eternas* e *imutáveis*, aquilo que Platão denomina *idéias*.

O típico conhecimento eterno e imutável é o da matemática, e não é à toa que o personagem principal do *Mênon*, Sócrates, mostra que um escravo pode demonstrar um teorema sem nunca ter aprendido matemática. O tema do diálogo, porém, é a *virtude*; assim, podemos listar também os conceitos *éticos*, bem como os *estéticos*, entre as *idéias*.

Se aprender é apenas rememorar, então a função do professor é conduzir o aluno no processo de trazer à consciência as idéias que jazem escondidas em sua alma. Sócrates, o professor por excelência, compara o seu trabalho com o da parteira: através de perguntas, faz com que os indivíduos cheguem às verdades que estavam adormecidas no interior de suas mentes, ou seja, induz o nascimento dessas verdades.

Agostinho. Nos primórdios da Igreja Católica, surge a *patrística* (séculos II a V da nossa era), cujo objetivo era dotar a nova fé de argumentos filosóficos para combater seus detratores. É nessa tradição que se insere o pensamento de santo Agostinho, teólogo e filósofo que encontrou na filosofia platônica inspiração para os seus escritos.

O principal livro que escreveu sobre educação, *De Magistro* (*Sobre o mestre*), não inicia com uma exposição sobre os objetivos da educação; em vez disso, aborda inicialmente a *linguagem*. Palavras, proferidas ou escritas, são consideradas sinais por Agostinho, que pergunta: como podemos apreender o significado desses sinais?

Não pode ser através de outros sinais, pois os sinais, em si mesmos, não possuem significado, apenas indicam algo. A resposta parece óbvia: aprendemos o significado das palavras quando nos é indicado o que uma palavra significa. Um dos modos de fazer isso é *apontar* para um objeto e dizer o seu nome.

O filósofo nos lembra, todavia, que o gesto de apontar nada mais é do que um sinal; assim, só se pode indicar o significado de um sinal usando-se outros sinais. Então, conclui que "com as palavras não aprendemos senão palavras; antes, o som e o ruído das palavras, porque, se o que não é sinal não pode ser palavra, não sei também como possam ser palavras aquilo que ouvi pronunciado como palavras enquanto não lhe conhecer o significado".

A última parte dessa conclusão requer um esclarecimento. Palavras, quando não se conhece seu significado, sequer são palavras, mas apenas ruídos ou traços no papel — é o que experienciamos ao lermos ou ouvirmos uma língua que não conhecemos. Portanto, ao apontarmos para um objeto dizendo o seu nome, precisamos saber que o nome é uma palavra, não um ruído ou rabisco, e só podemos ter esse conhecimento sabendo o significado da palavra, segundo Agostinho.

A solução para esse dilema encontra-se num conhecimento anterior ao empírico, ou seja, anterior àquele que os sentidos nos fornecem: é o conhecimento da *verdade interior*. Assim, a nossa mente já contém o significado das palavras, a saber: as coisas às quais elas se referem. E quem fornece a verdade à nossa mente é o "... Cristo que habita ...

no homem interior, isto é: a virtude incomutável de Deus e a sempiterna Sabedoria, que toda alma racional consulta ..."

O dilema é similar àquele enfrentado por Platão; a solução, contudo, difere, porquanto em Agostinho não será a *rememoração*, mas a *inspiração divina* o que dará a base para o nosso conhecimento.

Ambos os filósofos concordam, no entanto, que a função do professor não é transmitir conhecimento, mas conduzir o aluno na descoberta do conhecimento que está latente em seu interior.

A concepção empirista

O empirismo se opõe ao idealismo ao propor uma regra para distinguir uma concepção *imaginária* do mundo de uma concepção *real*: o teste da *experiência sensível*. A tese empirista não é a de que todo conhecimento vem da experiência — pois posso conhecer sereias, uma vez que conheço suas características: ser metade mulher, metade peixe (se não conhecesse as sereias não seria capaz de distingui-las dos duendes) —, mas de que todo o conhecimento sobre *objetos reais* procede da experiência. É claro que essa tese gera dificuldade para explicar como conhecemos aqueles objetos que são tão caros ao idealismo: os objetos matemáticos. Para esses objetos, o empirismo cria a noção de objetos abstratos, criados pela mente ao abstrair certas características dos objetos reais. Assim, os filósofos empiristas podem explicar as várias facetas que constituem o conhecimento humano.

Apesar de as teses empiristas terem sido sustentadas por vários filósofos desde a Grécia Clássica, o empirismo geralmente é restrito a um grupo de filósofos modernos ingleses: Francis Bacon, Hobbes, Locke, Berkeley e Hume. Dentre esses, apenas Locke escreveu um livro sobre a educação, sobre o qual falarei a seguir.

Locke. Em oposição ao idealismo, John Locke sustenta a tese de que não há idéias nem princípios *inatos*, porque não existe um consenso universal com relação a eles e porque eles não estão presentes nas crianças e nos deficientes mentais. Locke também apresenta um argumento contra a teoria da reminiscência: se todo conhecimento já estivesse em nossa memória, então um cego de nascença conheceria as cores. E chega a citar o caso de um homem que perdeu a visão e acabou perdendo a noção das cores, o que não ocorreria se essas existissem em sua memória. Além do mais, ele não acredita que a alma exista antes do começo da vida no corpo.

A filosofia de Locke pode ser resumida em duas teses interligadas: a) não existem idéias nem princípios inatos; b) todas as nossas idéias e os princípios do entendimento são derivados da experiência sensível. Porém nem todas as nossas idéias e nenhum princípio do entendimento têm sua *origem* na experiência, pois muitas daquelas e todos estes surgem da *reflexão* que a mente realiza sobre os dados da experiência.

A concepção segundo a qual a nossa mente é um fluxo constante e descoordenado de impressões sensíveis não corresponde de modo algum às teses empiristas. Se incluirmos, entre os defensores dessas teses, filósofos como Locke, Hume e Hobbes, veremos que para nenhum deles a mente é passiva. Pelo contrário, eles defendem que grande parte do nosso conhecimento é produzido pela mente quando esta opera sobre dados fornecidos pelos sentidos.

Uma das tarefas da educação, portanto, será preparar o aluno para usar corretamente o seu *entendimento*. Entretanto, diferentemente de Platão e Agostinho, que consideram tarefa do professor conduzir o aluno no caminho da rememoração ou da inspiração divina, Locke julga que "a tarefa da educação ... não é torná-los [os indivíduos] perfeitos em cada uma das ciências, mas abrir as suas mentes para melhor torná-los capazes de qualquer uma, quando se dedicarem a ela".

Visto que o nosso conhecimento surge da reflexão sobre as impressões dos sentidos, não basta informar o aluno, apresentar-lhe um conhecimento acabado, porque ele só compreenderá aquilo que ele próprio elaborar, ou seja, aquilo que for resultado de suas investigações intelectuais. Ora, "nada facilitará mais suas investigações e as levará mais longe do que um bom *método*". O objetivo da educação, portanto, deve ser ensinar ao aluno os vários métodos por meio dos quais o conhecimento pode ser obtido. O modo mais apropriado para atingir esse objetivo é fazer com que o aluno raciocine a partir daquilo que já conhece, pois Locke sustenta que as crianças, assim que começam a falar, já são capazes de raciocinar.

Na concepção empirista, a educação não se dá a partir da transmissão de um conteúdo, mas no exercício dos métodos que levam à produção dos diferentes tipos de conhecimento.

A concepção transcendental

Como dissemos na introdução, "transcendental" é um termo que pertence à filosofia kantiana, que também será usado com relação à filosofia de são Tomás de Aquino, profundamente influenciado pelo pensamento de Aristóteles. A concepção transcendental tenta superar a dicotomia idealismo/empirismo, aceitando do empirismo a evidência dos sentidos, mas estabelecendo as condições *a priori* requeridas pela experiência.

São Tomás de Aquino. O movimento de renovação do pensamento católico que se seguiu à patrística é usualmente denominado de *escolástica* (séculos IX ao XV de nossa era), e tem como principal característica o uso da obra de Aristóteles nas discussões filosóficas e teológicas. O filósofo e teólogo mais importante da escolástica é são Tomás de Aquino, que, diferentemente de Agostinho, não escreveu um tratado sobre educação, mas deixou um texto sobre o assunto, também intitulado *De Magistro*, que pertence à obra *Quaestiones disputatae de veritate* (Questões disputadas sobre a verdade).

Aquino não se opõe às concepções de Agostinho, ele inclusive concorda com a tese de que Deus ensina ao homem a partir do interior; seu alvo será o inspirador de Agostinho: Platão.

A teoria platônica da reminiscência é explicitamente rejeitada por Aquino, porque elimina a ação humana, uma vez que, se todo conhecimento é lembrança — trata-se, obviamente, de conhecimento verdadeiro, portanto, conhecimento daquilo que de fato ocorre —, então tudo o que nos ocorre já está determinado antes de nascermos.

A rejeição ao platonismo não implica a aceitação do empirismo, pois há uma "via intermediária entre essas duas opiniões". Caminho indicado por Aristóteles: nós possuímos *em potência* a capacidade de conhecer o mundo que nos cerca, mas é preciso efetivar essa potência no próprio *ato* de conhecer.

A idéia de possuirmos em potência a capacidade de conhecer torna-se bastante clara quando pensamos no sentido da visão: é por meio dele que posso ver o mundo, mas se não abrir meus olhos, não os dirigir ao que me cerca, não verei nada.

O exemplo também apresenta outra característica fundamental do conhecimento: o que eu vejo não é predeterminado pelos meus olhos, mas há uma qualidade que não pode faltar — a visibilidade; assim, embora o que vamos conhecer não esteja já inscrito em nossa mente, existem certas qualidades que os objetos necessariamente têm de possuir a fim de que possamos conhecê-los.

Do mesmo modo, certos princípios necessários ao conhecimento encontram-se em nós. Esses princípios são de dois tipos: a) *verdades auto-evidentes*, como "duas quantidades iguais a uma terceira são iguais entre si"; b) *noções simples*, tais como "ser" e o "o número um".

Como já vimos, Aquino não quer se opor a Agostinho, e aceita a teoria da inspiração divina, que se manifesta nesses princípios universais. Em contrapartida, existe o conhecimento que é produzido a partir deles, sendo o resultado da atividade humana.

Os seres humanos adquiririam, assim, conhecimento de duas maneiras: "por descoberta pessoal, e por um princípio exterior, como se constata naquele que aprende por um outro". É importante assinalar, porém, que, em ambos os casos, é necessária a existência dos princípios universais, e Aquino cita Aristóteles: "Todo conhecimento e toda aquisição de conhecimento partem de um conhecimento preexistente."

Assim, a função do professor não é informar o aluno, transmitir-lhe conhecimento, mas "... conduzir o discípulo, a partir do que já conhece, ao conhecimento daquilo que ignora ...". E o filósofo indica, inclusive, o método para se realizar essa tarefa, que consistiria basicamente em oferecer ao aluno problemas que possa resolver utilizando os princípios universais, que são aquilo que ele já sabe (devido à intervenção divina). Desse modo, o aluno pode exercitar a sua capacidade de aplicar aos casos particulares (aos objetos no mundo, aos fatos) os princípios universais.

Kant. Kant pertence a uma tradição filosófica bastante distinta daquela de Aristóteles e Aquino, mas o incluímos neste grupo porque também esposa a idéia do ensino através do exercício de princípios que são necessários para a produção do conhecimento. Porém não parece que, para Kant, tais princípios sejam inatos: "Para designar a classe que o homem ocupa no sistema da natureza ... é suficiente afirmar que ele possui um caráter que se cria a si mesmo ... . É por isso que, a partir de um animal *capaz de razão* (*animal rationabile*), ele pode fazer de si mesmo um *animal racional* (*animal rationale*) ... ."

A citação denota uma perspectiva fundamental para se entender a concepção kantiana do entendimento: a *autonomia*. Neste caso, a etimologia é esclarecedora, visto que "autos" em grego significa "si mesmo" e "nomos", "lei", "autonomia" significa "regrar a si mesmo". E Kant não pensa a autonomia como algo pertencente apenas ao domínio da moral, pois a estende às nossas capacidades cognitivas.

Num exercício realizado numa escola alemã atual, crianças com os olhos vendados são conduzidas por outras crianças através de um bosque e apalpam algumas árvores determinadas; logo em seguida, são levadas para a beira do bosque, seus olhos são descobertos, e elas têm de identificar visualmente quais árvores tocaram. Esse exercício ilustra uma capacidade humana da qual raramente nos damos conta: conseguimos unificar informações de tipos distintos — dados visuais, táteis, sonoros, olfativos — para conformar um único objeto. Reunimos uma imagem, um cheiro, um sabor, uma textura, para criar o objeto "esta árvore", "esta maçã" etc.

Essa e outras capacidades são as *regras* ou os *princípios* do *entendimento*. Pensar, incluindo-se a percepção dos objetos, não é algo passivo, é uma atividade guiada por regras. A tarefa do professor, portanto, não deve ser apenas informar o estudante; afinal, "quantas pessoas lêem e escutam certas coisas, as quais admitem sem entender"? Cabe ao educador treinar o estudante no uso correto das regras do entendimento. Mas Kant pergunta: "convém começar com o estudo das regras abstratamente, ou devemos aprendê-las após o uso delas?". A solução encontra-se numa terceira alternativa: aprender as regras ao mesmo tempo em que são usadas. O ensino deve ser, ao mesmo tempo, *prático* e *reflexivo*, ou seja, o estudante deve ser levado a refletir sobre a atividade que esteja realizando.

Apesar de Kant julgar o autodidatismo a forma mais perfeita de aprendizagem, ele reconhece que poucos indivíduos são capazes de tal proeza. Então, recomenda o método socrático de ensino, ou seja, o mestre deve guiar o aluno em exercícios onde este aplique as regras do entendimento, a fim de que possa refletir sobre elas, sempre com a condução do professor.

Filosofia contemporânea

Todas essas concepções de educação influenciaram a filosofia e o pensamento contemporâneos. Embora a concepção idealista não esteja mais em voga, a filosofia ocidental está assentada sobre as idéias de Platão, e o fato de tanto a concepção empirista quanto a transcendental serem desenvolvidas para refutar a filosofia platônica ilustra a permanência desta no pensamento ocidental.

Uma influência da concepção empirista podemos encontrar no livro de Alfred North Whitehead, *Os fins da educação*, no qual o matemático e filósofo inglês propõe um ensino baseado na *alegria da descoberta* para combater o que chama de o ensino das idéias inertes, que nada mais é do que o conhecimento livresco que muitas vezes ainda é ensinado em nossas escolas. No tipo de ensino proposto por Whitehead o aluno deve aprender a *provar* as idéias, o que pode ser feito utilizando-se a experiência ou a lógica.

Whitehead, portanto, concorda com a tese dos filósofos que examinamos acima de que a educação deve ser o desenvolvimento de habilidades mais do que a aquisição de informações. Com o intuito de realizar esse objetivo, apresenta o que chama de *ritmo da educação*. A palavra "ritmo" indica que se trata de algo que se repete, ou seja, algo cíclico, que são três etapas *lógicas* que o aluno deve realizar toda vez que adquire um conhecimento novo.

A primeira etapa, Whitehead denomina *período de romance*, que é o momento em que o conhecimento retém o brilho da novidade, das conexões inexploradas. Essa é a etapa na qual a curiosidade do aluno deve ser aguçada.

A segunda etapa é o *período da precisão*, correspondendo à etapa analítica do ensino, na qual o aluno deve aprender a "gramática da linguagem e a gramática da ciência". Obviamente, é o momento no qual o aluno aprimora as suas habilidades de produzir conhecimento correto.

A última etapa, *período da generalização*, é caracterizada pelo retorno à primeira etapa, com as habilidades adquiridas na segunda — nas palavras do filósofo: "é o êxito final".

Através desses ciclos, a educação deixa de ser um processo cujo final é longínquo, para se tornar um processo em que tanto a sensação de dominar um conteúdo ou habilidade quanto a de estar deparando com algo novo ocorrem freqüentemente.

Outro filósofo inglês que também rejeitou a educação livresca foi Gilbert Ryle. Lembrando Platão e Agostinho, Ryle inicia o ensaio "Ensino e treinamento" com um dilema: "Todos concordamos, creio, que algo falhou no ensino se o aluno não é capaz, cedo ou tarde, de dar as suas próprias soluções aos problemas, mas o problema é este: como podemos ensinar um indivíduo a fazer coisas que não aprendeu previamente?" O paradoxo não é novo.

A solução para o dilema é distinguir entre *ensinar que* e *ensinar como* (que espelha a sua distinção entre *saber que* e *saber como*, apresentada no livro *A Concept of Mind*). Quando dizemos que alguém só pode aprender algo que lhe tenha sido ensinado, é preciso sabermos em que sentido estamos usando o verbo "ensinar". A proposição "eu ensinei a João que a água congela a 0ºC" significa que estou informando João de algo; já a proposição "eu ensinei a João como medir a temperatura em que a água congela" diz que estou desenvolvendo em João uma habilidade. No primeiro caso, o indivíduo não pode ir além do que lhe foi ensinado, o que não ocorre no segundo, pois a habilidade que desenvolveu lhe permite fazer descobertas por si mesmo.

O dilema ocorre porque geralmente pensamos em termos de *ensinar que*, quando, na verdade, para podermos viver, é preciso *aprender como* fazer as coisas — como falar, por exemplo. Mas surgem novas questões: como é possível desenvolver em alguém uma *habilidade*? Isto não é algo que surge no interior do indivíduo? É possível criá-la a partir do exterior?

A solução para essas questões, segundo o filósofo norte-americano Israel Scheffler, encontra-se na terceira concepção de ensino por nós apresentada: ensinar *como* é ensinar *regras*. É uma solução temporária, pois leva inevitavelmente à pergunta: como as regras são ensinadas?

No conto de Julio Cortázar chamado "Instruções para subir uma escada", as dificuldades já começam na descrição dos degraus, mas o próprio autor nos avisa para não confundirmos pé (direito) com pé (esquerdo), evitando "levantar ao mesmo tempo pé e pé". Esse conto ilustra muito bem o que Max Black, outro filósofo norte-americano, quer dizer ao afirmar que não se podem *explicar verbalmente* todas as regras e que só nos resta ensiná-las através de exemplos. Podemos recorrer também ao filósofo austríaco Ludwig Wittgenstein, que nos indica o caráter social de seguir uma regra: aprendemos a seguir regras na interação com outros seres humanos, seja pela imitação, seja pelas indicações que os outros indivíduos nos dão de nossos erros e acertos ao tentarmos executar uma atividade. Na verdade, os dois métodos andam juntos: aprendemos a falar imitando os nossos pais e sendo corrigidos por eles.

Apresento brevemente, a partir de Ryle, alguns temas que permeiam a filosofia analítica da educação, em que dois livros se destacam: *A lógica da educação*, dos ingleses Paul Hirst e Richard Peters, e *Linguagem da educação*, de Israel Scheffler. Esses livros, escritos na década de 1960, têm como característica comum a análise dos conceitos empregados na educação (tais como ensino, desenvolvimento, currículo) e dos argumentos que são utilizados para sustentar os princípios educacionais. O método dos autores parece indicar que fazem uma investigação neutra, sem emitirem juízos críticos sobre o assunto. A aparência é falsa. Ambos os livros tratam das metas da educação e dos métodos para atingi-las, o que implica uma análise crítica.

Na década seguinte, entretanto, o termo "crítica" assume uma conotação social, e surge a *pedagogia crítica*, que é uma junção do *marxismo humanista*, da Escola de Frankfurt, com a *pedagogia do oprimido*, de Paulo Freire.

Com o declínio da teoria marxista, a filosofia da educação, na década de 1990, buscará inspiração na filosofia pós-marxista francesa de Foucault, Deleuze e Derrida, os filósofos chamados de *pós-estruturalistas*, e de Lyotard e Baudrillard, os teóricos do *pós-modernismo*.

De influência pós-estruturalista, temos a inserção de temas como o feminismo, multiculturalismo, homossexualidade, questões étnicas e raciais. O pós-modernismo, por seu turno, legou os vários tipos de *relativismo*: epistemológico, cultural, psicológico etc. É preciso frisar, no entanto, que não há uma definição clara nem uma distinção rigorosa entre essas duas correntes intelectuais, quando se trata das teorias educacionais, de tal modo que ambas são usualmente colocadas na rubrica pós-modernismo.

A tese básica da teoria educacional pós-moderna é a de que o conhecimento — em especial, o conhecimento científico — não é resultado da observação de como as coisas são na natureza, mas das relações de poder na sociedade (entendendo-se por "poder", além do poder político ou econômico, o poder masculino, o poder do homem branco, o poder do europeu etc.), o que, obviamente, retira do conhecimento (inclusive o científico) qualquer objetividade.

As conseqüências que são extraídas dessa tese são tão variadas quanto é diverso aquilo que está sob a rubrica "pós-moderno", mas, em geral, os autores não oferecem alternativas à epistemologia tradicional, apenas limitando-se a criticá-la. Quando são propositivos, muitas vezes suas propostas não trazem nada de realmente novo. Nesse cenário, Usher e Edwards, defensores do pós-modernismo, afirmam que "... o papel do professor não é transmitir conteúdo, mas guiar os estudantes através de pacotes de aprendizagem e dotá-los de habilidades para aprenderem através deste método". Ora, afirmar que o papel do professor não é transmitir conhecimento, e sim desenvolver habilidades nos alunos é, como vimos, uma idéia compartilhada por inúmeros filósofos do passado e do presente.

Quanto à concepção de que não existe conhecimento objetivo, ela vem sendo criticada por vários filósofos, inclusive por aqueles que se dedicam à educação. Entre esses últimos, podemos citar Harvey Siegel, que aponta inconsistência nos defensores do pós-modernismo, visto que, quando afirmam que não existe conhecimento objetivo, estão supondo que essa tese é objetiva, o que a contradiz. Caso considerem, contudo, que a tese não é objetiva (não indica uma verdade sobre o mundo), então é possível que exista conhecimento objetivo; portanto, a tese não prova nada.

Reformistas

A primeira teoria filosófica envolvendo a reforma social e a educação ocorre no diálogo *A República*, de Platão, que será exposto a seguir. Na filosofia moderna, a idéia da reforma social sofre uma modificação drástica com a obra *Emílio*, de Rousseau, na qual é o indivíduo o foco das mudanças que a educação pode proporcionar. Já na filosofia contemporânea, um filósofo marxista reflete sobre a tragédia do seu tempo — o nazismo na Europa — e sugere o que a educação pode fazer para evitar que tal tragédia se repita.

São três concepções muito distantes no tempo, e tal distância se reflete em suas teses. O que existe de comum entre elas é a crítica à forma como os estados estavam organizados em suas respectivas épocas e a convicção de que, através da educação, é possível mudar a forma como a sociedade está estruturada.

Platão. Foi o primeiro filósofo a pensar em erigir uma nova sociedade com base na educação, que é um dos temas principais da sua obra mais conhecida, *A República*. Como qualquer reformador social, Platão inicia apontando as causas da degeneração do Estado. No início, a sociedade surge para satisfazer às necessidades básicas dos indivíduos, o que implica a divisão de trabalho entre agricultores, tecelões, pedreiros etc. Com o tempo, a sociedade cresce, seus membros não se contentam mais com a satisfação das necessidades básicas e criam novas necessidades, fazendo surgir a sociedade do luxo. É interessante notar que, também para Rousseau, é no surgimento de necessidades artificiais que ocorre a corrupção da sociedade. O filósofo grego, contudo, não propõe o retorno a uma sociedade pequena e sã, mas teoriza sobre o melhor modo de se manter uma grande sociedade.

A solução, ele a encontra fundamentalmente na educação dos líderes da sociedade. Antes, porém, é preciso estabelecer uma hierarquia para o Estado ideal. Na hierarquia que Platão propõe, encontramos três classes: a dos agricultores e artesãos, a dos guardiões (os soldados) e a dos reis-filósofos. Os indivíduos que comporão cada uma dessas classes serão escolhidos pelas suas qualidades. No caso dos guardiões, as qualidades são a força física e a coragem, uma vez que serão eles que protegerão o Estado. A escolha é mais interessante no que se refere aos filósofos, pois eles serão escolhidos entre os que "quando contarem cinqüenta anos ... se tiverem se destacado em tudo e de toda a maneira, no trabalho e na ciência, deverão ser levados até o limite, e forçados a inclinar a luz radiosa da alma para a contemplação do Ser que dá luz a todas as coisas; depois de terem visto o bem em si, usá-lo-ão como paradigma para ordenar a cidade ...".

Os filósofos, que serão os governantes do Estado "por amor à cidade, fazendo assim não porque é bonito, mas porque é necessário", são escolhidos mediante avaliação de suas aptidões intelectuais e morais, que, por sua vez, são desenvolvidas na educação dos guardiões. É na educação desses que Platão expõe a sua teoria geral sobre a educação.

A formação do homem grego inclui tanto a educação da mente quanto a do corpo. Com relação a esta última, caberá à ginástica desenvolver as capacidades do corpo, mas Platão não dedica muito espaço para a discussão dessa disciplina, pois seu interesse está voltado para a educação da mente.

É com relação à mente que Platão apresenta a sua tese mais polêmica: a rejeição da poesia, inclusive a de Homero, como forma de educação. É preciso ter claro, antes de qualquer coisa, que a educação dos jovens gregos dava-se através dos poemas épicos e do teatro; assim, esse tipo de literatura assumia uma importância muito maior na formação dos indivíduos do que a que tem atualmente. E Platão critica o fato de as crianças serem ensinadas a partir da mentira, ou seja, da ficção. Platão vê a poesia como uma imitação da realidade e entende que existe o perigo de aqueles que sejam educados por meio dela imitarem os personagens que demonstram um comportamento imoral. Visto que a educação deve visar à perfeição dos educandos, é a música que melhor cumpre a função de educar, "... porque o ritmo e a harmonia penetram mais fundo na alma e afetam-na mais fortemente, trazendo consigo a perfeição ...".

Contudo, como vimos no início deste livro, o conhecimento mais elevado é concebido como aquele que trata das *verdades eternas* e *imutáveis*, como, por exemplo, as da matemática. O modo de se obter esse conhecimento é o exercício da *dialética*, que Platão define como o raciocínio que parte de hipóteses para " ... ir até aquilo que não admite hipóteses, que é o princípio de tudo ... fixando-se em todas as conseqüências que daí decorrem, até chegar à conclusão, sem se servir em nada de qualquer dado sensível, mas passando das idéias umas às outras, e terminando em idéias ...".

É o conhecimento das verdades imutáveis e eternas, as idéias, em especial o conhecimento da idéia de *bem*, que permite aos filósofos serem os melhores governantes. Desse modo, a educação prepara os indivíduos para cumprirem suas funções nas três classes que constituem a sociedade, criando um Estado onde existe *harmonia* entre os seus cidadãos, que é o Estado ideal.

Rousseau. O filósofo inicia o seu livro sobre a educação, *Emílio ou Da Educação*, afirmando que o melhor livro sobre a educação pública é *A República* de Platão. O que não significa que seguirá os passos do filósofo grego, pois Rousseau julga que os colégios de sua época não merecem o título de instituições públicas e que a educação deve estar a cargo da família.

Emílio é uma obra que visa a nortear a *educação privada* — aquela oferecida pelos pais — tendo por objetivo preparar o indivíduo para a vida no Estado. Contudo, assim como Platão, Rousseau critica o Estado de sua época, concentrando as suas censuras nas relações sociais entre os indivíduos, relações essas marcadas pela dissimulação e pelo empenho em satisfazer falsas necessidades.

O indivíduo em sociedade perdeu a capacidade de avaliar a si mesmo, pois precisa reconhecer o seu valor por meio da comparação com os outros membros da sociedade: "O homem da sociedade está por inteiro na sua máscara." Ao transformar os outros em espelho, o indivíduo forja novas necessidades para si mesmo, necessidades artificiais, cuja única função é satisfazer o jogo de aparências de uma vida social deturpada.

Nesse jogo, o indivíduo se esforça para obter bens que não são necessários para atender suas necessidades reais, mas para servir como trunfo na sua comparação com os outros. Isso gera pessoas gananciosas e invejosas, que, por mais que obtenham bens, continuam insatisfeitas, uma vez que os bens são usados para satisfazer necessidades puramente fantasiosas.

A solução para o conflito social, gerado pela ganância, também é uma forma de se evitar a infelicidade dos sujeitos: levar uma *vida autêntica*. Desse modo, Rousseau pode unir a reforma social a uma mudança na atitude dos homens. Não é uma reforma que parte da sociedade para o indivíduo, pelo contrário, é educando os indivíduos para uma vida autêntica que se podem modificar as relações entre os indivíduos na sociedade.

O problema central da filosofia da educação rousseauniana, portanto, é o de como desenvolver nas pessoas o desejo e as condições de levar uma vida autêntica. Na solução desse problema, está envolvido o famoso conceito do "bom selvagem".

Em primeiro lugar, é preciso esclarecer que Rousseau não pretende transformar os homens civilizados em selvagens: "... querendo formar um homem de natureza, nem por isso se trata de fazer dele um selvagem, de jogá-lo no fundo da floresta .... O progresso natural do espírito é acelerado, nunca invertido. O mesmo homem que deve permanecer estúpido na floresta deve tornar-se racional nas cidades ...." Não se trata, portanto, de fazer regredir a civilização. Pelo contrário, o filósofo pretende acelerar o seu progresso com o cultivo do espírito daqueles que a compõem.

A solução para o problema reside em educar a criança e o jovem para não se deixarem levar pelas necessidades artificiais, o que implica educá-los para a busca da satisfação das necessidades naturais, ou seja, o encontro da vida autêntica na vida natural.

A educação deve começar seguindo os princípios naturais, uma vez que os "primeiros movimentos da natureza são sempre retos", e entre estes o mais básico é a autopreservação, que gera uma paixão que estará conosco durante toda a vida: o *amor a si mesmo*. Mas, na medida em que o indivíduo entra para a sociedade, fica dependente da aprovação social dos outros, e o *amor de si* é substituído pelo *amor-próprio*, que é a fonte de toda ganância e inveja; além do mais, como o *amor-próprio* demanda que os outros nos amem mais que a si mesmos, o que é impossível, "o amor-próprio ... nunca está satisfeito".

O cultivo do *amor de si* permite ao homem atingir a felicidade, pois as necessidades a que se dedica, por serem naturais, são passíveis de satisfação, e a satisfação das necessidades naturais torna-o bondoso com os outros, visto que, segundo o filósofo, é o excesso de necessidades que torna o homem mau.

Na vida em sociedade, as pessoas, para cultivarem o amor de si, precisam desenvolver seu senso crítico, que lhes permite distinguir as necessidades naturais daquelas oriundas da ostentação social, a fim de que não se tornem gananciosas e formem uma sociedade onde cada um deseje apenas aquilo de que precisa — uma sociedade de homens livres.

Adorno. A filosofia sempre viveu a tensão entre pensar o universal e atemporal e refletir sobre o que é particular e situado no tempo. No caso da análise política da educação, o que predominou foi o segundo tipo de reflexão. Theodor W. Adorno, contudo, foi o único filósofo a pensar a filosofia da educação a partir de um único evento: os campos de concentração nazistas.

Adorno participou de um movimento de renovação do marxismo, iniciado na primeira metade do século XX: a Escola de Frankfurt. Além dele, fizeram parte desse movimento os filósofos Walter Benjamin, Max Horkheimer, Herbert Marcuse e, mais tarde, Jürgen Habermas. Esses filósofos mantiveram do marxismo o conceito de *classes sociais* e o de *ideologia*, mas acrescentaram conceitos oriundos da psicanálise, retomaram conceitos da filosofia de Hegel e reavivaram de Kant a idéia de uma filosofia crítica.

O principal texto que Adorno escreveu sobre a educação é o artigo "Educação após Auschwitz". Nele estabelece um princípio geral para a educação, baseado num fato histórico: "A exigência de que Auschwitz não se repita é a primeira de todas para a educação." Transformar um fato histórico, algo puramente contingente, num princípio universal para a educação justifica-se porquanto esse fato instancia um processo universal da história humana: a possibilidade de a civilização tornar-se o seu oposto, a barbárie.

Esse processo é analisado no livro *Dialética do Esclarecimento*, escrito em parceria com Horkheimer. A civilização deriva da necessidade do homem de dominar a natureza, não apenas a natureza externa, mas também a natureza interna: seus impulsos animais. Esses impulsos, contudo, podem ser domesticados, jamais anulados; e quanto maior é a força utilizada para reprimi-los, mais pressão eles exercem para vir à tona. Fatalmente, as forças civilizatórias sucumbem ao poder atávico de nossos impulsos naturais, e o caminho está preparado para a irrupção da barbárie, pois o selvagem que se encontra adormecido no homem civilizado, ao despertar, tem a seu dispor todo o poder destrutivo da tecnologia — aquilo que a civilização criou para dominar a natureza volta-se contra ela própria. Essa é a *dialética* que explica tanto o rigor científico dos campos de concentração nazista, quanto o das armas nucleares.

O conceito fundamental para se entender o processo é o "esclarecimento": o esforço intelectual que a humanidade realizou para se elevar da pura animalidade. Apesar de o livro ser uma crítica ao esclarecimento, os autores não o estão negando. Pelo contrário, eles utilizam a noção kantiana de crítica, ou seja, a análise de uma capacidade humana para estabelecer seus verdadeiros limites: "Não alimentamos dúvida nenhuma ... de que a liberdade na sociedade é inseparável do pensamento esclarecedor", mas esse conceito "contém o germe da regressão [à barbárie]", que é o seu limite, e, se "o esclarecimento não acolhe dentro de si a reflexão sobre esse elemento regressivo ...", poderá causar a sua própria destruição.

Não é difícil concluir que a tarefa da educação é esclarecer o esclarecimento: "A educação tem sentido unicamente como educação dirigida a uma reflexão crítica." É importante usar aqui o termo "esclarecimento" em vez de "racionalidade", porque, como Adorno enfatiza em entrevistas que concedeu à Rádio de Hessen, *razão* muitas vezes é tomado como se referindo à "capacidade formal de pensar", quando o que "caracteriza a consciência é o pensar em relação à realidade, ao conteúdo". O *esclarecimento* é a racionalidade em ação. Sua primeira meta é a sobrevivência, e, para realizá-la, precisa dominar a natureza, mas se não refletir sobre si mesmo, este impulso para a dominação poderá dominá-lo, fazendo eclodir dessa dominação a irracionalidade, a barbárie.

Apesar de o filósofo não pretender apresentar uma metodologia de ensino, ele indica alguns objetivos para a *educação crítica*; dentre eles, o mais importante é o fortalecimento da personalidade, o que não implica legitimar o individualismo, visto que este surge de uma motivação exterior ao indivíduo — somos condicionados a agir segundo a máxima do "cada um por si" —, mas desenvolver no indivíduo a capacidade de liberar seu pensamento da ideologia dominante.

Outro aspecto do projeto adorniano que queremos ressaltar é a sua preocupação com a diferença cultural entre o campo e a cidade. Ele cita o livro de Eugen Kogon, *O Estado da SS*, segundo o qual os algozes do campo de concentração onde Kogon esteve preso eram, na sua maioria, filhos de camponeses. Adorno atribui a essa triste constatação o fato de que, no campo, "o insucesso da desbarbarização foi ainda maior" do que na cidade. E sugere, como estratégia para mudar essa situação, que "colunas educacionais móveis de voluntários" se dirijam ao campo e "... procurem preencher as lacunas [de formação] mais graves por meio de discussões, de cursos e de ensino ...".

É interessante notar que, na mesma época — década de 1960 — em que Adorno fazia esses comentários, Paulo Freire, no Recife, organizava um movimento de alfabetização e "conscientização" de adultos no meio rural. A conscientização consiste em desenvolver no indivíduo a habilidade de refletir sobre a "sua condição de pessoa, por isso, de sujeito".

Assim, apesar de Freire não mencionar a barbárie, percebemos que a finalidade do seu processo de educação é a mesma proposta por Adorno: desenvolver o senso crítico nos indivíduos, o que implica, antes de qualquer coisa, o fortalecimento da personalidade. O que também envolve, como diz o educador brasileiro, a "democratização da cultura" — e cabe ter em mente que as pessoas do campo têm mais dificuldade para ter acesso à cultura universal do que as da cidade; por isso, é fundamental levar até elas aquilo que a humanidade produziu.

A filosofia de Adorno e dos outros filósofos da Escola de Frankfurt, junto com a teoria educacional de Paulo Freire, inspirou os criadores da Pedagogia Crítica, principalmente na crítica que esses teóricos fazem à *razão científica*, afirmando que é pouco reflexiva e sobrepondo a ela a *razão dialética*, que, além de crítica, inclui a subjetividade e a cultura nas análises educacionais.

Aperfeiçoadores

A diferença entre *reformistas* e *aperfeiçoadores* é mais clara no que tange às teorias de Platão e Aristóteles, pois o primeiro propõe uma reforma radical na sociedade, enquanto a proposta do segundo é a de que cada sociedade tenha uma educação condizente com a sua forma de governo. Podemos ver ecos da concepção de Aristóteles em filósofos modernos como Hobbes e Hegel, que não escreveram livros sobre o assunto, mas dedicaram algumas passagens de suas obras ao tema. Na filosofia contemporânea, a distinção que fazemos já não é tão clara. Adorno, que colocamos sob a rubrica dos reformadores, e o filósofo norte-americano John Dewey, classificado como aperfeiçoador, apesar de todas as diferenças filosóficas e mesmo políticas — Adorno é marxista, Dewey é um liberal —, concordam numa questão fundamental: a educação deve preparar os cidadãos para viverem de forma responsável numa *democracia*. Assim, a classificação que propomos deve ser vista tão-somente como um expediente para agrupar concepções filosóficas que têm apenas algumas semelhanças.

Aristóteles. Diferentemente de Platão, Aristóteles afirma que "... o cidadão deve ser moldado para se adequar à forma de governo sob a qual vive, pois cada governo tem um caráter peculiar o qual originalmente o formou e que continua a preservá-lo". Ao invés de propor a criação de um Estado ideal, Aristóteles estabelece as condições para a melhor realização e manutenção dos Estados existentes, mas não justifica a existência de qualquer tipo de Estado, nem afirma que a estabilidade do Estado seja mais importante que o bem-estar dos cidadãos — numa passagem da *Política*, livro em que desenvolve sua teoria sobre a relação entre política e educação, ele censura os gregos de sua época por não terem "... estruturado seus governos visando ao melhor fim, ou de não terem dado leis e educação visando a atingir todas as excelências ...".

A última palavra citada — "excelências" — ilustra muito bem a função que o filósofo confere à política: desenvolver todas as potencialidades intelectuais e morais dos cidadãos. Portanto, a educação dos cidadãos não visa apenas a torná-los obedientes às leis do Estado — Aristóteles, aliás, afirma que a educação dos governantes e a educação dos governados devem ser idênticas, pelo menos no sentido de que "... aquele que deve aprender a governar deve antes, como se diz, aprender a obedecer" —, uma vez que a função do Estado não é apenas manter-se ou garantir o bem-estar de uma minoria, mas proporcionar o melhor modo de vida a todos os cidadãos.

A finalidade do Estado coincide com a finalidade da vida do indivíduo — e qual será esta? Aristóteles percebe que é aquilo a que os homens chamam de *felicidade*. Mas, quando se trata de caracterizar o que é a felicidade, as coisas se complicam, pois pode ser o prazer, a riqueza, a saúde, a honra; contudo, "... alguns pensam que, ao lado desses bens, existe outro que é o bem em si mesmo ...", sendo um dos temas principais do livro *Ética a Nicômaco* o bem supremo. Além dessa definição de felicidade, o filósofo apresenta a felicidade como uma atividade e distingue dois tipos: corpórea e racional.

Assim como Platão, Aristóteles privilegia o segundo tipo de atividade: "... felicidade é uma atividade da alma que visa à completa excelência ... ." As excelências de um ser racional são de dois tipos: morais e intelectuais. A primeira é adquirida por meio do hábito, enquanto a segunda, apesar de existir em nós desde o nascimento, em potência, precisa ser desenvolvida pela educação. Desse modo, para o filósofo, a felicidade é atingida por meio da educação. E, uma vez que a felicidade do cidadão é a meta do Estado, cabe a este educar todos os cidadãos, ou seja, a educação deve ser pública.

Mas o que se deve aprender para atingir a excelência intelectual? Em primeiro lugar, é preciso o ócio — e, na sociedade da época de Aristóteles, o ócio de uns era obtido graças ao trabalho escravo de outros. Com tempo livre disponível, o indivíduo pode se dedicar à mais elevada atividade intelectual: a contemplação da verdade, que compreende o uso puramente teórico da razão. No livro *Metafísica*, Aristóteles afirma que a esse uso correspondem "... três filosofias teóricas: matemática, ciência natural e teologia ...", mas é claro que a educação compreende também outras, que serão as etapas necessárias para chegar a tal uso da razão.

Seguindo a tradição grega, o sistema educacional proposto por Aristóteles principia com o desenvolvimento do corpo, aqui incluído desde os cuidados com a nutrição do recém-nascido até a ginástica para os jovens. Após, vêm a alfabetização e o ensino das artes. Com relação às artes, Aristóteles também concorda com Platão ao escolher a música como a mais elevada e investiga se esta poderia desenvolver o caráter moral dos indivíduos, com o que parece concordar.

Contudo, ele oferece um outro motivo para a educação musical: Aristóteles julga que a melhor forma de aproveitar o ócio é a propiciada pela música: "Todos os homens concordam que a música é uma das coisas mais prazerosas que existem ... ." Deste modo, dedicar-se ao prazer da música conduz à felicidade.

Na teoria aristotélica, a função da educação é adequar o indivíduo à forma de governo na qual vive, o que não implica, contudo, uma simples acomodação dos interesses do indivíduo aos interesses dos governantes, pois o interesse primordial do Estado é o bem-estar dos indivíduos. Por conseguinte, o Estado deve providenciar a educação mais adequada para que o indivíduo possa desenvolver a atividade que é o *bem viver*, ou seja, a *felicidade*.

Dewey. No início do século XX, a democracia moderna ainda estava se anunciando na Europa, enquanto se desenvolvia nos Estados Unidos. Tal desenvolvimento foi uma preocupação constante na vida do filósofo norte-americano John Dewey, que, ao lado de William James e Charles Pierce, é um dos expoentes do *pragmatismo* — a escola filosófica cujo principal objetivo é estudar o pensamento humano a partir das conseqüências empíricas do significado de nossas idéias e do uso da linguagem.

O pragmatismo de Dewey tem como característica principal a interpretação do pensamento como um dos processos vitais que constituem o ser humano. Todo processo vital nada mais é do que o esforço que o organismo realiza para manter a sua organização, ou seja, a sua vida. Assim, há uma *continuidade* entre os processos biológicos e os processos intelectuais, sendo o pensamento o resultado do processo evolutivo do ser humano. A evolução pressupõe a transmissão de características de uma geração a outra, o que pode ocorrer de maneira puramente biológica, mas o pensamento não é apenas biológico — "pensar e sentir ... são modos sociais de comportamento ..." —, o que implica a transmissão social do comportamento pela educação.

Dewey contrapõe ao naturalismo rousseauniano o idealismo hegeliano: as capacidades intelectuais do indivíduo não se desenvolvem espontaneamente a partir de sua natureza, sendo a sociedade um impedimento ao correto desenvolvimento de tais capacidades, como pensa Rousseau; pelo contrário, é preciso aprender com Hegel que as nossas capacidades intelectuais são formadas a partir da interação social, que gera a linguagem, a cultura, o governo, a arte e a religião. A origem das capacidades cognitivas pode ser natural, mas o seu desenvolvimento se dá na interação do indivíduo com as instituições sociais. Uma vez que a sociedade nada mais é do que a reunião dos indivíduos, desenvolvê-los culturalmente é o modo de manter a cultura da sociedade e, mesmo, aperfeiçoá-la. A educação, portanto, tem a finalidade de manter e desenvolver a sociedade.

A rejeição ao naturalismo implica recusar a concepção da política educacional de Rousseau: "... a doutrina de seguir a natureza é um dogma político, ela significa a rebelião contra todas as instituições, costumes e ideais sociais existentes." Isso não significa que o objetivo da educação seja domesticar os homens a fim de facilitar a sua subordinação a outros homens. Pelo contrário, "... a eficiência social não é obtida através do cerceamento das capacidades naturais do indivíduo, mas do seu uso em ocupações que tenham significado social".

É claro que o filósofo norte-americano não acredita que qualquer organização social possa desenvolver as capacidades naturais do indivíduo. Por isso, defende o aperfeiçoamento da democracia. É preciso, contudo, dirimir um possível mal-entendido com relação às convicções políticas de Dewey: ele ser um defensor do liberalismo não significa que defenda a versão contemporânea do liberalismo econômico que desobriga o grande capital de seus encargos sociais; pelo contrário, o filósofo defendia o que mais tarde foi chamado de liberalismo-social, ou seja, um sistema democrático onde haja um controle social que impeça o surgimento de grandes desigualdades entre os indivíduos. Esse controle social não se dará por uma intervenção direta do governo, mas através da educação, uma vez que uma educação democrática possibilita "... uma ordem social mais equânime e esclarecida ...".

O próprio conceito de liberdade, que o filósofo defende, é baseado na interação social: "... a essência da demanda por liberdade é a necessidade de condições que permitam a um indivíduo fazer a sua contribuição aos interesses do grupo e participar das suas atividades de tal modo que a orientação social seja originada em seus próprios atos mentais ...".

No conceito de liberdade está implicado o conceito de *autonomia de pensamento*. Dewey sabe que "pensar por si mesmo" é um pleonasmo; por isso, quando fala de pensamento próprio, refere-se a pensar com originalidade, algo que só pode ser desenvolvido graças à educação.

Assim, a educação é um conceito-chave em toda a filosofia política de Dewey: a democracia é um sistema político que permite conciliar a liberdade com a harmonia social, mas isso só pode ser alcançado através de uma educação que faça jus a esse sistema, ou seja, uma *educação para a democracia*.

O principal livro que Dewey escreve sobre esse tópico chama-se *Democracia e educação*. Apesar de não o dizer explicitamente, nesse livro ele trata da educação pública, universal e gratuita — a única forma de educação compatível com seu ideal de uma democratização da sociedade.

Vimos, logo acima, que a liberdade do indivíduo, que é fundamental numa sociedade democrática, significa *autonomia de pensamento*; por isso, Dewey, no livro mencionado, estabelece o método educacional que melhor convém a tal autonomia.

Além de criticar a concepção naturalista rousseauniana da educação como desdobramento de poderes latentes, também refuta a concepção mais tradicional de educação como uma formação vinda do exterior, oferecendo como alternativa a educação como uma permanente *reconstrução da experiência*: "... [educação] é a reconstrução ou reorganização da experiência que acrescenta significado a esta e aumenta a habilidade para dirigir a experiência subseqüente."

A proposta de metodologia educacional do filósofo norte-americano apresenta uma certa similaridade com a de Locke (e mesmo com a de Kant), na medida em que entende como tarefa do professor desenvolver no aluno a sua capacidade de interpretar a experiência, o que implica a construção de hipóteses, que, por sua vez, precisam ser testadas por meio de novos experimentos — as "experiências subseqüentes". Assim, a educação consiste mais no desenvolvimento de habilidades cognitivas do que na transmissão de conhecimento. É claro que o desenvolvimento dessas habilidades também aumenta a capacidade de raciocínio crítico do aluno, o que contribui para o desenvolvimento de sua autonomia — uma meta prioritária no projeto educacional deweyano, como vimos.

A tarefa da escola é proporcionar um ambiente onde a aprendizagem se dê por meio de experimentos, cabendo ao professor planejar as atividades de pesquisa, de tal forma que correspondam aos interesses dos alunos, ao mesmo tempo em que sejam desafiadoras. Todo o ambiente de ensino deve favorecer a cooperação entre os alunos, a fim de prepará-los para viverem numa sociedade democrática. Mas o filósofo faz uma ressalva: "... é dever do ambiente escolar equilibrar os vários elementos do ambiente social, e providenciar que cada um tenha a oportunidade de escapar das limitações do grupo social no qual nasceu ... ." Segundo o *liberalismo-social* de Dewey, numa sociedade democrática os indivíduos devem ter a liberdade de escolher sua profissão e de transitar entre os diversos grupos sociais que a compõem, sendo tarefa da educação prover aos indivíduos tal liberdade.

Esse é um dos aspectos da educação numa sociedade democrática enfatizado por Anísio Teixeira no artigo "O processo democrático de educação". O educador baiano, idealizador da Universidade de Brasília (UnB) e signatário do Manifesto da Escola Nova de 1932, foi aluno de Dewey e trouxe as idéias de seu professor para o Brasil. No referido artigo, afirma "que todos os homens são suficientemente educáveis para conduzir a vida em sociedade de forma a que cada um e todos dela partilhem como iguais".

À luz da filosofia de Dewey, o programa de educação democrática de Teixeira compreende a substituição das diferenças de classe pelas diferenças individuais, a fim de "... reconstruí-las e integrá-las em uma experiência mais larga ...

visando o estabelecimento de uma verdadeira fraternidade humana".

Considerações finais

O processo educacional é um processo de aquisição de conhecimento, mas é mais do que isso: a educação deve desenvolver os *instrumentos* por meio dos quais adquirimos o conhecimento. Esta é a tese básica tanto dos empiristas quanto daqueles que classificamos como defensores da concepção *transcendental.* Estes e aqueles, na filosofia contemporânea, concebem o ensino como um processo cuja finalidade não é apenas informar o aluno, mas desenvolver nele a capacidade de procurar e processar informações. É importante notar, ainda, que também a concepção idealista não vê na educação um processo de memorização de conhecimento. Todas as três concepções enfatizam, portanto, a educação como um meio para o desenvolvimento das capacidades intelectuais dos seres humanos. A atividade educacional também é vista como um meio para harmonizar as relações entre os seres humanos, evitando que apenas em virtude da coação estatal os cidadãos respeitem as leis que garantem a ordem na sociedade.

Para alguns filósofos, contudo, é por meio da educação que se pode criar uma nova organização social — esse é o caso, como vimos, das propostas de Platão e Rousseau. Mas também aqui há um aspecto comum entre todas as teorias filosóficas abordadas: uma vez que a política é uma maneira de garantir uma boa vida para os cidadãos, a educação, mesmo quando deve preparar as pessoas para viverem sob o tipo de Estado no qual nasceram, sempre visará às melhores condições de vida possíveis.

Seleção de textos

Educação e Estado

Não há dúvidas de que o legislador deve se preocupar, acima de tudo, com a educação das crianças, porque negligenciá-la prejudica o Estado. O cidadão deve ser moldado para se adequar à forma de governo sob a qual vive, pois cada governo tem um caráter peculiar que originalmente o formou e que continua a preservá-lo. O caráter democrático perpetua a democracia e o caráter oligárquico mantém a oligarquia, e quanto melhor o caráter, melhor o governo.

Para o exercício de qualquer faculdade ou arte requer-se um treinamento ou hábito prévio, o mesmo ocorrendo para o exercício da virtude. E, visto que a cidade-Estado, como um todo, tem uma única e mesma finalidade, a educação deve ser una e idêntica para todos; por conseguinte, deve ser pública, e não privada. Embora atualmente cada um cuide da educação de seus filhos da maneira que julga melhor, a aprendizagem das coisas comuns deve ser a mesma para todos. Tampouco deve-se supor que os cidadãos pertençam a si mesmos, visto que todos pertencem ao Estado, e cada um é parte do Estado, sendo o cuidado de cada parte inseparável do cuidado com o todo. Neste aspecto, como em outros, os lacedemônios devem ser louvados, uma vez que eles se dedicam bastante às suas crianças e fazem da educação uma tarefa do Estado.

Ninguém nega que a educação deve ser regulada pela lei e ser um assunto do Estado, mas qual deve ser o caráter da educação pública e como os jovens devem ser educados são questões que precisam ser investigadas. Como as coisas estão, existe desacordo com respeito a este assunto. Não se sabe se devemos ensiná-los a ser virtuosos ou a ter uma vida melhor, tampouco está claro se a educação diz respeito à formação intelectual ou à moral. As práticas educacionais atuais dificultam a questão: devemos ensinar aquilo que é útil para a vida, o que é virtuoso, ou o conhecimento mais elevado? As três alternativas possuem defensores. Também não há consenso com relação aos métodos educacionais. Uma vez que pessoas diferentes têm concepções diferentes a respeito do que seja a virtude, elas irão discordar quanto à prática desta.

Não há dúvida de que às crianças devam ser ensinadas coisas úteis, mas não todas as coisas úteis, pois as ocupações são divididas entre liberais e servis, e deve-se ensinar aos jovens apenas aquele conhecimento útil que não os transforme em artesãos. E chamamos de ocupação de artesão toda a ocupação, arte ou ciência que não torna o corpo e a mente ou alma de um homem livre adequados à prática ou ao exercício da virtude. Damos o mesmo nome às ocupações que deformam o corpo e, igualmente, a todo trabalho pago, porque degradam a mente.

Existem também artes liberais que são adequadas a um homem livre apenas em certo grau, uma vez que, se ele as praticar com afinco visando atingir a perfeição, seguir-se-ão os mesmos efeitos negativos. A grande diferença consiste na intenção que motiva o trabalho ou o estudo: se ele faz ou aprende algo por interesse próprio, ou de seus amigos, ou visando a virtude, então a ação não parecerá servil; mas a mesma ação, se feita para outros, será tida como mercenária e servil. As concepções atuais da educação, como já disse, têm, em parte, um caráter liberal, em parte, um caráter servil.

Aristóteles, *Política*, livro 8, 1337a10-1337b22

Educação e conhecimento

Um homem pode ensinar outro homem?

1ª objeção. Parece que um homem não pode ensinar outro, porque o Senhor diz (Mt., 23:8): "Não queirais ser chamado Rabi (meu mestre)." A glosa de Jerônimo diz o seguinte a este respeito: "Não dê ao homem a honra devida a Deus." Portanto, ser mestre é uma honra que pertence a Deus. Como pertence ao mestre ensinar, o homem não pode ensinar, sendo essa tarefa apropriada a Deus.

2ª objeção. Além do mais, se um homem ensina outro, ele o faz através de seu próprio conhecimento, a fim de causar conhecimento no outro. Mas uma qualidade que envolve ação para produzir outra que lhe assemelhe é uma qualidade ativa. Segue-se que o conhecimento é uma qualidade ativa, como o calor.

3ª objeção. Além disto, para se obter conhecimento requer-se a luz intelectual, e a espécie da coisa compreendida. Mas um homem não pode causar nada disto em outro. Logo, um homem, através do ensino, não pode causar conhecimento em outro.

4ª objeção. O professor não faz nada em relação ao aluno além de lhe propor alguns signos, de modo a significar algo através de palavras ou gestos. Mas não é possível ensinar conhecimento a alguém através dos signos, pois serão signos de coisas que ele sabe ou não sabe. Se são de coisas que ele sabe, então ele já tem o conhecimento da coisa e não precisa de um mestre. Se são de coisas que não sabe, não poderá aprender nada através destes; por exemplo: se um homem falar em grego para alguém que só sabe latim, este não aprenderá nada. Conseqüentemente, um homem não pode causar conhecimento em outro ensinando-o.

Mas, em contrário, são Paulo diz (1º Tm, 2:7): "Por Cristo fui constituído pregador e apóstolo ... mestre dos gentis na fé e na verdade."

Respondo a essa questão afirmando que sobre ela existem várias opiniões. Segundo o comentário de Averroes ao [livro de Aristóteles] *De Anima* iii, todos os homens possuem um intelecto passivo. Disto se segue que todos os homens possuem as mesmas espécies inteligíveis, o que o leva a concluir que um homem não pode incutir em outro um conhecimento distinto daquele que possui, mas que comunica o mesmo conhecimento que possui movendo de maneira apropriada os fantasmas em sua alma a fim de estarem corretamente dispostos para a apreensão inteligível. Esta opinião é verdadeira somente na medida em que o conhecimento é o mesmo no discípulo e no mestre, se consideramos a identidade da coisa conhecida, pois a mesma verdade objetiva é conhecida por ambos. Entretanto, quando mantém que todos os homens têm o mesmo intelecto passivo e as mesmas espécies inteligíveis, diferindo apenas quanto aos vários fantasmas, a opinião de Averroes é falsa.

Existe, além do mais, a opinião dos platônicos, que sustentam que a alma possui conhecimento desde o seu início, através da participação das formas separadas, mas que é impedida, em virtude da sua união com o corpo, da livre consideração das coisas que já conhece. De acordo com esta concepção, o discípulo não adquire novo conhecimento de seu mestre, apenas é levado por este a considerar o que já conhece, de tal forma que aprender nada mais é do que rememorar. Da mesma maneira, eles sustentam que os agentes naturais apenas nos predispõem a receber formas que a matéria adquire através da participação de substâncias distintas. Contra esta concepção, no entanto, já provamos que o intelecto passivo da alma humana está em pura potencialidade com relação ao inteligível (*species*), como Aristóteles afirmou (*De anima*, iii, 4).

Devemos, por conseguinte, resolver o problema de modo diferente, afirmando que o professor causa conhecimento no aprendiz fazendo-o passar da potencialidade ao ato, como Aristóteles disse (*Física*, viii, 4). A fim de tornar isto claro, precisamos notar que, dos efeitos que resultam de um princípio exterior, alguns procedem apenas deste, como a forma da casa, que é causada na matéria apenas pela arte do arquiteto; enquanto outros efeitos originam-se, às vezes, de um princípio exterior, outras vezes de um princípio interior: assim, a cura é, algumas vezes, alcançada num homem doente através de um princípio exterior, a arte médica, e, noutras, por meio de um princípio interior, como quando um homem é curado pela força da natureza.

Com relação a esses efeitos, duas coisas devem ser notadas. Em primeiro lugar, a arte imita a maneira como a natureza cura um homem: alterando, digerindo ou expulsando a matéria que causou a doença. Em segundo lugar, é preciso ter claro que o princípio exterior, a arte, age não como o agente principal, mas ajudando o agente principal, o princípio interior, fortalecendo-o e dando-lhe instrumentos e assistência que serão utilizados por ele para produzir o efeito. Desse modo, o médico fortalece a natureza e emprega comida e remédios que serão utilizados pela natureza para produzir o fim almejado.

Ora, o conhecimento é adquirido pelo homem, tanto de um princípio interior, que fica claro no caso do homem que produz conhecimento através da descoberta pessoal, quanto de um princípio exterior, como no caso daquele que recebe um ensinamento, pois em todo homem há um certo princípio de conhecimento, a saber, a luz do intelecto ativo, através do qual certos princípios universais de todas as ciências são naturalmente conhecidos assim que são apresentados ao intelecto. Quando alguém aplica estes princípios universais a uma coisa particular, cuja memória ou experiência adquire através dos sentidos, então, por sua própria investigação, indo do conhecido ao desconhecido, ele obtém conhecimento daquilo que não conhecia. Logo, qualquer um que ensina leva o discípulo das coisas que ele conhecia às coisas que não conhece, o que está em acordo com o que Aristóteles diz (*Analíticos posteriores*, i, 1): "Todo conhecimento e toda aquisição de conhecimento partem de um conhecimento preexistente."

são Tomás de Aquino, *Suma teológica*,
1ª parte, questão 117, 1º artigo

O ensino através do raciocínio

§81. Talvez possa causar estranheza que eu mencione *raciocinar* com crianças: não posso, no entanto, deixar de pensar que esta é a única maneira de lidar com elas. As crianças compreendem isto assim que começam a utilizar a linguagem, e, a menos que me engane, adoram ser tratadas como criaturas racionais mais cedo do que se imagina. Este orgulho deve ser acalentado e usado, tanto quanto possível, como um grande instrumento para transformá-las.

Porém, quando falo de *raciocínio*, não me refiro a nada além daquilo que é apropriado à capacidade e à compreensão da criança. Ninguém pode imaginar um menino de três ou sete anos respondendo a perguntas como um adulto. Longos discursos e raciocínios filosóficos no máximo assombram e confundem, mas não instruem as crianças. Quando digo, portanto, que elas devem ser *tratadas como criaturas racionais*, quero dizer que você deve sensibilizá-las com brandura na sua criação e manter a serenidade mesmo no castigo, para mostrar a elas que o que você faz é racional, necessário e útil para o bem delas, não sendo as suas ordens o resultado de mero *caprichio* (capricho), paixão ou fantasia. Elas são capazes de compreender isto e não creio que não possamos convencê-las a seguir a virtude e afastar-se do vício, desde que isso seja feito com *raciocínios* adequados a sua idade e compreensão, usando *palavras simples e em pouca quantidade*. As fundações sobre as quais vários deveres são edificados e as fontes do certo e do errado dos quais nascem estes deveres não são fáceis de serem inculcadas na mente de homens adultos que não estejam habituados a abstrair seus pensamentos de opiniões recebidas do senso comum. Muito menos são as crianças capazes de *raciocinar* a partir de princípios distantes. Elas não entendem a força de longas deduções: as *razões* que as movem devem ser *óbvias* e niveladas aos seus pensamentos quase como se pudessem ser sentidas e tocadas. Mas, se a sua idade, têmpera e inclinações forem levadas em conta, nunca faltarão motivos suficientes para convencê-las. Se não existir outro motivo mais particular, ainda assim estes serão sempre inteligíveis e terão força para detê-las de qualquer falta que possam cometer, do tipo que poderá envergonhá-las, desonrá-las e desagradar aos pais.

§82. De todos os modos pelos quais uma criança pode ser instruída e formar seu comportamento, o mais simples, fácil e eficiente é colocar diante dos seus olhos *exemplos* daquelas coisas que você quer que ela faça ou evite fazer, as quais, quando são apresentadas através da prática de pessoas que conhecem, com alguma reflexão sobre sua beleza ou inconveniência, têm mais força para impelir ou impedir que as imitem do que qualquer discurso. Virtudes e vícios não podem, pelas palavras, ser tão facilmente inculcados em seu entendimento quanto a contemplação das ações de outros homens, quando você orienta sua observação a fim de que percebam esta ou aquela boa ou má qualidade em sua prática. E a beleza ou inconveniência de muitas coisas com respeito à boa ou má educação será mais bem aprendida e causará uma impressão mais profunda através dos exemplos dos outros do que de qualquer regra ou instruções que lhes forem oferecidas.

Este é um método a ser usado não apenas com aqueles que são jovens, mas com aqueles que continuam sob o ensino ou direção de alguém. Eu creio que esta é a melhor maneira a ser usada por um pai enquanto ele julgar adequado corrigir o seu filho: nada penetra mais profunda e gentilmente na mente dos homens do que um *exemplo*. E o que eles inadequadamente indultam em si mesmos causa desgosto e vergonha quando é mostrado através de outro.

...

§118. A curiosidade nas crianças não é nada além de um desejo por conhecimento e deve, pois, ser encorajada, não só como um bom sinal, mas como o grande instrumento que a natureza providenciou para remover a ignorância com a qual nasceram, a qual, sem a curiosidade, faria delas criaturas estúpidas e inúteis. Os modos de encorajá-las a manterem esta atividade, eu suponho, são os seguintes:

1. Não rejeitar nem desdenhar de qualquer *indagação* feita pelo infante, ou rir de suas dúvidas, mas responder todas as suas *questões* e *explicar* os assuntos que ele deseja conhecer, de modo a torná-los inteligíveis e apropriados a sua idade e conhecimento. Porém, não confunda seu entendimento com explicações que estão para além dele ou com uma variedade ou número de coisas despropositadas. Note qual o objetivo da sua mente na *questão*, e não o que suas palavras expressam; e, quando você o tiver informado e satisfeito, com relação ao assunto, verá como os seus pensamentos aumentarão a si mesmos, e como, através das respostas apropriadas, ele pode ser levado além daquilo que você imagina, visto que o conhecimento agrada ao entendimento, como a luz aos olhos. As crianças o adoram, especialmente se elas percebem que as suas *investigações* são levadas a sério e se o seu desejo de conhecimento é encorajado e elogiado. E não tenho dúvida de que a grande razão de as crianças se dedicarem inteiramente a divertimentos bobos e gastarem seu tempo de modo insípido é porque tiveram sua curiosidade obstada e suas *inquirições* negligenciadas. Mas se tivessem sido tratadas com mais ternura e respeito, se suas questões fossem respondidas, não tenho dúvidas de que teriam mais prazer em aprender e aperfeiçoar seu conhecimento nos assuntos que oferecessem variedade e novidade do que em retornar aos mesmos divertimentos.

...

§120. Assim como as *inquirições* das crianças não devem ser desprezadas, também deve-se cuidar para que *nunca* recebam *respostas enganadoras* e *evasivas*. Elas facilmente percebem quando estão sendo desconsideradas ou enganadas e rapidamente aprendem a ser negligentes, dissimuladas e falsas quando observam outros fazerem o mesmo. Não devemos fugir da verdade em qualquer conversa, muito menos com as crianças, uma vez que, ao sermos falsos com elas, não estamos apenas frustrando suas expectativas e impedindo seu conhecimento, mas estamos corrompendo sua inocência e lhes ensinando os piores vícios. Elas são viajantes recém-chegados a uma terra estranha, da qual não sabem nada; devemos, portanto, ter em mente não as enganar. E mesmo que suas questões pareçam algumas vezes não serem pertinentes, devem ser respondidas com diligência, pois, ainda que nos pareçam (a quem já são conhecidas por muito tempo) inquirições sem mérito, elas não são menos importantes para quem é totalmente ignorante. Crianças ignoram aquilo que nos é mais familiar e tudo com o que se deparam é desconhecido para elas, como já foi um dia para nós, e felizes são aqueles que encontram pessoas cordiais que percebem sua ignorância e as ajudam a sair dela.

...

John Locke, *Some Thoughts Concerning Education*, p.58-9 e 93-4

O ensino através da experiência

A experiência consiste primariamente em *relações ativas* entre um ser humano e seu ambiente natural e social. Em alguns casos, a iniciativa parte do lado do ambiente; os esforços dos seres humanos sofrem certas frustrações e desvios. Em outros casos, o procedimento das coisas e pessoas do ambiente leva a desfecho favorável as tendências ativas do indivíduo, de modo que, afinal aquilo que o indivíduo sofre ou sente são as conseqüências que tentou produzir. Exatamente na proporção em que se estabelecem conexões entre aquilo que sucede a uma pessoa e o que ela faz em resposta, e entre aquilo que a pessoa faz a seu meio e o modo por que esse meio lhe corresponde, adquirem significação os atos e as coisas que se referem a essa pessoa. Ela aprende a conhecer-se e também a conhecer o mundo dos homens e das coisas. A educação praticada intencionalmente (ou escolar) deveria apresentar um ambiente em que essa interação proporcionasse a aquisição daquelas significações que são tão importantes que se tornam por sua vez instrumentos para a ulterior aquisição de conhecimentos.

Segundo o que já foi repetidamente salientado, a atividade extra-escolar manifesta-se em condições que não foram propositadamente adaptadas para incentivar a função da compreensão e a formação de eficazes atitudes mentais. Na proporção em que se produzem, os resultados são genuínos e vitais, mas apresentam-se limitados por todas as espécies de circunstâncias. Algumas tendências permanecem totalmente sem direção e sem desenvolvimento; para outras, deparam-se apenas estímulos ocasionais; outras adquirem hábitos de rotina em detrimento dos objetivos da iniciativa e inventividade ricas de recursos. A função da escola não é transportar os adolescentes de um ambiente ativo para outro de um estudo inerte dos registros daquilo que outros homens aprenderam, e sim levá-los de um ambiente de atividades relativamente casuais (casuais em relação à compreensão e à inteligência que possam proporcionar) para outro de atividades selecionadas, tendo em vista servir de guias para o aprendizado. Um ligeiro exame dos métodos aperfeiçoados que já se mostraram eficazes para a educação revelará que eles se apegam, mais ou menos conscientemente, ao fato de que os estados "intelectuais", em vez de se oporem aos trabalhos ativos, representam a intelectualização desses trabalhos práticos. Resta-nos aprender mais solidamente esse princípio.

As mudanças que se operam no conteúdo da vida social facilitam consideravelmente a seleção da espécie de atividade que intelectuarizará os brinquedos e os trabalhos escolares. Se pensarmos no ambiente social dos gregos e dos povos medievais, em que as atividades práticas que pudessem ser exercitadas com bom êxito eram em sua maioria de espécie rotineira e inferior, e até de natureza servil, não nos surpreenderemos que os educadores desses tempos as tenham desdenhado como impróprias para cultivarem a inteligência. Mas o caso é diferente hoje, tempo em que até os serviços domésticos, os da agricultura e da indústria, assim como os de transporte e comunicações, estão impregnados do espírito da ciência aplicada. É verdade que muitos dos que atualmente se dedicam a eles não têm consciência do conteúdo intelectual de que seus atos pessoais dependem. Mas esta circunstância apenas produz o efeito de acrescentar mais um motivo para que o ensino escolar se utilize dessas atividades, de modo a habilitar a próxima geração a adquirir uma compreensão que falta, geralmente, em nossos dias, podendo, assim, conduzirem-se seus trabalhos, não mais cegamente, mas com inteligência.

John Dewey, *Democracia e educação*, p.301-2

Referências e fontes

p.12: A citação é do diálogo de Platão *Mênon* (81 c, numeração marginal), e foi retirada de *Plato's Meno in Focus*, organizada por J.M. Day (Londres, Routledge, 1994).

p.14: Extratos da obra *Sobre o mestre*, de santo Agostinho (in *Santo Agostinho*, col. Os Pensadores, São Paulo, Nova Cultural, 1987, p.318 e 319).

p.17: As passagens são de obras de Locke, *Of the Conduct of the Understanding* (Indianápolis, Hackett, 1996, p.192, §19) e *Some Thoughts Concerning Education* (Indianápolis, Hackett, 1996, p.150, §195), respectivamente.

p.19: A citação é extraída da obra de são Tomás de Aquino, *Suma teológica* (Porto Alegre, Est, Sulina e UCS, 1980, 1ª parte, questão 117, 1º artigo), de onde também vêm a primeira e a terceira passagens da página 20.

p.20: A segunda citação foi retirada da obra de Aristóteles *Analíticos posteriores* (I, 1, 71a1).

p.21: Kant, *Antropologie du point de vue pragmatique* (Paris, Vrin, 1991).

p.22: Extratos do livro de Kant *Sobre a pedagogia* (Piracicaba, Unimep, 1996, p.74 e 71, respectivamente).

p.23: Os excertos foram retirados da obra de Whitehead, *Os fins da educação* (São Paulo, Editora Nacional / Editora da USP, 1969, p.14, 31 e 32, respectivamente).

p.24: A citação foi extraída do texto de Ryle, "Ensenãnza y entrenamiento", in *El concepto de educación* (Buenos Aires, Paidos, 1969, p.168). Desse mesmo livro vem a referência da página 25 a Max Black, retirada do artigo "Reglas y rutinas" (p.148-67).

p.27: A passagem foi extraída do livro de Robin Usher e Richard Edwards, *Postmodernism and Education* (Londres, Routledge, 1994, p.179).

p.27: A referência a Harvey Siegel é baseada no que ele afirma na página 30 do livro *Education, Knowledge and Truth: Beyond the Postmodern Impasse*, organizado por David Carr (Londres, Routledge, 1998).

p.29-31: Excertos do diálogo platônico *A República* (540a, 540b, 401e e 511b-c, respectivamente, numeração marginal).

p.32 e 33: Citações de Rousseau, *Emílio ou Da educação* (Rio de Janeiro, Bertrand Brasil, 1995, p.258, 291, 78 e 236, respectivamente).

p.35: Passagem de Adorno publicada no livro *Educação e emancipação* (São Paulo, Paz e Terra, 2000, p.119).

p.36: A primeira citação é de Adorno e Horkheimer, *Dialética do Esclarecimento* (Rio de Janeiro, Zahar, 1986, p.13); as outras são de *Educação e emancipação* (op.cit., p.121, 151 e 126, respectivamente).

p.37: As citações de Paulo Freire vêm de *Educação como prática da liberdade* (Rio de Janeiro, Paz e Terra, 1967, p.120).

p.39-41: As citações de Aristóteles vêm de *Política* (1337a 12, 1333b 6, 1333a 2 e 1139b 20, numeração marginal), *Ética a Nicômaco* (1095a27 e 1102a5) e *Metafísica* (1026a19).

p.42-46: Trechos da obra de Dewey, *Democracy and Education* (Nova York, Macmillan, 1966, p.12, 20, 30, 76, 117, 118-9, 319).

p.46: Passagens extraídas do artigo de Anísio Teixeira "Os processos democráticos da educação", *Revista Brasileira de Estudos Pedagógicos*, v.25, n.62, abr/jun 1956, p.3-16).

Outros livros consultados foram são Tomás de Aquino, *Questions disputées sur la verité (Question XI, De Magistro)* (Paris, Vrin, 1992) e R.S. Peters, *El concepto de educación* (Buenos Aires, Paidos, 1969). Para as obras de Aristóteles baseei-me na edição *The Complete Works of Aristotle* (Princeton, Princeton University Press, 1995) e para *A República*, de Platão, na edição da Fundação Calouste Gulbenkian (Lisboa, 1987).

Na "Seleção de textos", as traduções são todas de minha autoria, baseadas nas edições indicadas aqui, à exceção do último excerto, extraído da edição da Companhia Editora Nacional (São Paulo, 1959, tradução de Godofredo Rangel e Anísio Teixeira).

Leituras recomendadas

• *A República*, de Platão (Calouste Gulbenkian, 1987). O importante diálogo platônico é também a primeira obra de filosofia da educação. Nele o foco principal, no que diz respeito à filosofia da educação, é o papel da educação na formação do cidadão. O livro é fundamental para quem quer conhecer o início do debate filosófico sobre a relação entre educação e política.

• *Emílio ou Da Educação*, de Rousseau (Martins Fontes, 2004). Esse longo livro é um tratado sobre a educação privada, ou seja, aquela que é fornecida pelos pais por meio de preceptores. Nele, Rousseau transforma suas visões sobre a sociedade num guia sobre como transformar a sociedade através da educação. O livro aborda vários assuntos, como é comum nas obras sobre educação da época, que vão desde a correta nutrição até a educação moral e política.

• *De Magistro*, de santo Agostinho (in *Santo Agostinho*, coleção Os Pensadores, Nova Cultural, 1987). Essa é uma das primeiras obras de filosofia da educação na Idade Média. Nela, o teólogo e filósofo cristão aborda a relação entre a aprendizagem e a inspiração divina. Obra de filosofia da educação cristã claramente inspirada no idealismo platônico.

• *Pequena introdução à filosofia da educação*, de Anísio Teixeira (DP&A, 2000). Exposição das opiniões do autor sobre a filosofia da educação. Devido à importância de Anísio Teixeira para o pensamento educacional brasileiro, é interessante conhecer o texto, publicado pela primeira vez em 1934, em que ele critica a escola nova e defende a escola progressista de Dewey e Kirkpatrick.

• *Sobre o mestre (De Magistro)*, de são Tomás de Aquino (Martins Fontes, 2001). Esse livro trava um diálogo com a obra homônima de santo Agostinho. Apesar de Tomás não condenar diretamente o seu colega cristão, ele critica o filósofo que o inspirou, Platão, preferindo a teoria de outro filósofo grego, Aristóteles. O livro de são Tomás também é, portanto, uma introdução à filosofia da educação aristotélica.

• *Sobre a pedagogia*, de Immanuel Kant (Unimep, 1996). Único livro que o grande filósofo alemão escreveu sobre o tema, discorrendo sobre a educação do corpo até a educação moral, enfatizando a necessidade de se educar ambos. Essa pequena obra é de fácil leitura e aborda alguns temas presentes em dois grandes livros do filósofo: *Crítica da razão pura* e *Crítica da razão prática*, sempre no sentido de a partir da educação desenvolver as faculdades (intelectuais e morais) abordadas nesses livros.

Sobre o autor

Leonardo Sartori Porto, doutor em filosofia moral e política, é professor da Faculdade de Educação da Universidade Federal do Rio Grande do Sul, onde leciona a disciplina de Prática de Ensino de Filosofia.

Coleção **PASSO-A-PASSO**

Volumes recentes:

Ciências Sociais Passo-a-Passo

O negócio do social [40], Joana Angélica Barbosa Garcia

Origens da linguagem [41], Bruna Franchetto e Yonne Leite

Antropologia da criança [57], Clarice Cohn

Patrimônio histórico e cultural [66], Pedro Paulo Funari e Sandra de Cássia Araújo Pelegrini

Antropologia e imagem [68], Andréa Barbosa e Edgar T. da Cunha

Antropologia da política [79], Karina Kuschnir

Sociabilidade urbana [80], Heitor Frúgoli Jr.

Pesquisando em arquivos [82], Celso Castro

Cinema, televisão e história [86], Mônica Almeida Kornis

Filosofia Passo-a-Passo

Estética [63], Kathrin H. Rosenfield

Filosofia da natureza [67], Márcia Gonçalves

Hume [69], Leonardo S. Porto

Hannah Arendt [73], Adriano Correia

Schelling [74], Leonardo Alves Vieira

Niilismo [77], Rossano Pecoraro

Kierkegaard [78], Jorge Miranda de Almeida e Alvaro L.M. Valls

Filosofia da biologia [81], Karla Chediak

Ontologia [83], Susana de Castro

John Stuart Mill & a liberdade [84], Mauro Cardoso Simões

Filosofia da história [88], Rossano Pecoraro

Teoria do conhecimento [91], Alberto Oliva

Psicanálise Passo-a-Passo

Psicanálise com crianças [75], Teresinha Costa

Feminino/masculino [76], Maria Cristina Poli

Cinema, imagem e psicanálise [85], Tania Rivera

Trauma [87], Ana Maria Rudge

Édipo [89], Teresinha Costa

A psicose [90], Andréa M.C. Guerra

A angústia [92], Sonia Leite

Educação e psicanálise [93], Rinaldo Voltolini

Os outros em Lacan [94], Antonio Quinet

A paixão [95], Marcus André Vieira

Histeria: o caso Dora [96], Nadiá Paulo Ferreira e Marcus Alexandre Motta